AF588939

CALLIRHOÉ,

TRAGÉDIE,

REPRÉSENTÉE,

POUR LA PREMIÈRE FOIS,

PAR L'ACADEMIE-ROYALE

DE MUSIQUE,

Le Mardi 27 Décembre 1712.

Remise au théâtre, le Jeudi 3 Janvier 1731.

Le Mardi 22 Octobre 1743.

Et le Mardi 9 Novembre 1773.

PRIX XXX. SOLS.

AUX DÉPENS DE L'ACADÉMIE.

A PARIS, Chés DELORMEL, Imprimeur de ladite Académie, rue du Foin, à l'Image Sainte Genevieve.

On trouvera des Exemplaires du Poeme à la Salle de l'Opera.

M. DCC. LXXIII.

AVEC APPROBATION ET PRIVILEGE DU ROI.

Le Poeme est de ROI.

La Musique est de DESTOUCHES.

ACTEURS CHANTANTS
DANS LES CHŒURS.

Côté du Roi.		Côté de la Reine.	
Mesdemoiselles.	*Messieurs.*	*Mesdemoiselles.*	*Messieurs.*
Girardin.	Cailteau.	le Bourgeois.	Larlat.
Garrus.	Héri.	d'Agée.	Vatelin.
la Guerre.	Lagier.	Chenais.	l'Écuyer.
de Laurette.	Van-Hecke.	de l'Or.	Tourcati.
Durand.	Martin.	des Rosières.	Ghuiot.
Fontenet.	le Grand.	de Merei.	Capoi.
Veron.	Dessart.	Denis, l.	Moreau.
Renard.	Hollmans.	du Val.	Méon.
Rouxelin.	Boi.	Déjardins.	Beghaim.
	Laurent.		Cleret.
	Huet.		Tacusset.
	Itasse.		Baillon.
	Parant, c.		Desformeri.
	Jouve.		Fagnan.
	Lainez.		

ACTEURS.

CALLIRHOÉ, *princesse héritiere du trône de Calidon*, Mlle. Beaumesnil.

LA REINE *de Calidon*, Mlle. du Plant.

CORÉSUS, *grand-prêtre de Bacchus*, M. Gélin.

AGÉNOR, *prince de Calidon, amant de Callirhoé*, M. Tirot.

PEUPLES DE CALIDON.

UNE CALIDONIENNE, Mlle. Châteauneuf.

PRÊTRES DE BACCHUS.

LE MINISTRE *de Pan*, M. Durand.

FAUNES ET DRIADES.

UNE DRIADE, Mlle. d'Avantois.

L'ORACLE, M. de la Suze.

BERGERS ET BERGERES.

UNE BERGERE, Mlle. Châteauneuf.

La Scène est à Calidon.

PERSONNAGES DANSANTS.

ACTE PREMIER.

CALIDONIENS.

M. Gardel.

M. des Preaux.

Mlle. Hidou.

Mrs. Doſſion, Caſter, le Doux, Guillet, Giguet, des Bordes, du Pré, Pladix.

Mlles. d'Auvilliers, des Haies, Henriette, Gertrude, le Bel, Lolotte, Adrienne, Liliard.

ACTE SECOND.

SACRIFICATEURS DE BACCHUS.

M. le Fevre.

Mrs. Henri, Huart, Aubri, Rivet, Dangui, du Chaiſne, Hennequin, l., Lieſſe, le Roi, 1., le Breton, Petit, Roiſſi.

ACTE TROISIÈME.

FAUNES & DRYADES.

M. VESTRIS.

Mlle. ASSELIN.

Mrs. Henri, Huart, Rivet, Dangui, Aubri, du Chaisne, le Breton, Roissi.

Mlles. Martin, Rosé, Jonveau, du Mesnil, le Houx, d'Orsan, du Bauchet, Seiffert.

ACTE QUATRIÈME.

BERGERS & BERGERES.

Mlle. GUIMARD.

M. GIROUX, Mlle JULIE.

Mrs. Dossion, Caster, le Doux, Guillet, Giguet, des Bordes, du Pré, Pladix.

Mlles. d'Auvilliers, des Haies, Henriette, Gertrude, le Bel, Lolotte, Adrienne, Liliard.

PASTRES & PASTOURELLES.

Mlle. PESLIN.

Mrs. la Rue, le Roi, 2., Hennequin, c., Simonin, c.

Mlles. du Mont, Jude, de Milli, Duval.

CALLIRHOÉ,

TRAGÉDIE.

ACTE PREMIER.

(Le théâtre représente le palais des rois de Calidon, orné pour les noces de CORÉSUS *&* de CALLIRHOÉ. *On voit, au milieu du théâtre, un autel.)*

SCENE PREMIÈRE.

CALLIRHOÉ, seule.

O Nuit, témoin de mes soûpirs secrèts,
Que ton ombre en ces lieux ne règne-t-elle encore!
Pourquoi l'impatiente aurore
Ouvre-t-elle mes yeux aux funestes apprêts
D'un himen que j'abhorre?

Je vais donc m'engager à l'objet que je haïs,
Et je perds, pour toûjours, un amant que j'adore!

Objet infortuné de mes tendres desirs,
Agénor, qu'aux enfers Bellonne a fait descendre,
Pour la première fois, je t'offre des soûpirs,
Quand tu ne peux plus les entendre.

O nuit, témoin de mes soûpirs secrèts, *&c.*

SCÊNE

SCÈNE II.

LA REINE, CALLIRHOÉ.

LA REINE.

MA fille, aux immortels quels vœux venés-vous faire ?

CALLIRHOÉ.

Je n'en formerai point qui puiſſent vous déplaire.

LA REINE.

Ce jour à Coréſus engage votre foi.
Miniſtre de Bacchus, notre dieu tutélaire,
Deſcendu de ces rois dont, avant votre pere,
Calidon recevoit la loi,
C'eſt lui que Calidon vous demande pour roi.

CALLIRHOÉ.

Hélas !

LA REINE.

Vous vous troublés ; que faut-il que j'eſpere ?
Vous ſavés vos devoirs ; pourriés-vous les trahir ?

CALLIRHOÉ.

Non : je demande aux dieux la force d'obéir.

LA REINE.

Tromperiés-vous mes vœux? Tout un peuple farouche
De Coréſus trahi viendroit venger les droits :
Ce peuple le chérit, & d'une même bouche
Veut recevoir la loi des dieux & de ſes rois.
Par des nœuds éternels vous lui ſerés unie ;
Je vais tout ordonner pour la cérémonie.

SCÈNE III.

CALLIRHOÉ, seule.

QUe ne m'avés-vous point coûté,
Gloire de Calidon, amour de la patrie!

C'est pour vous qu'un héros, à qui le sang me lie,
Le vaillant Agénor vient de perdre la vie;
C'est pour vous que je vais perdre ma liberté.

Que ne m'avés-vous point coûté,
Gloire de Calidon, amour de la patrie!

SCÊNE IV.

AGÉNOR, CALLIRHOÉ.

CALLIRHOÉ.

MAis quel objet vient me frapper!
(*à* AGÉNOR. (*à part.*)
Agénor en ces lieux!.. m'a-t-on voulu tromper?
(*à* AGÉNOR.)
On croyoit votre mort certaine.

AGÉNOR.

Les rebelles vaincus fuyoient devant nos traits;
Malgré mon sang versé, jusqu'au fond des forêts
La victoire m'entraîne;
Je tombe : je trouvai d'heureux & promts secours;
Par le tems & les soins je respirois à peine;
J'apprends qu'à Corésus vous unissés vos jours.

CALLIRHOÉ.

Quelque fruit qu'en ces lieux apportât la victoire,
Nous pleurions votre mort, & même notre gloire.

AGÉNOR.

A mon retour donnés plutôt des pleurs.

Triste témoin de la gloire d'un autre,

Que mon retour me coûte de douleurs !
Ce trône, ces autels, ces guirlandes de fleurs,
Ces chiffres amoureux, ce nom qui joint le vôtre...
Pour ce ſpectacle, o dieux, étois-je réſervé ?
Dieux, rendés-moi la mort, dont vous m'avés ſauvé !

CALLIRHOÉ.

Agénor, quels diſcours? que venés-vous m'apprendre?
Votre douleur doit m'irriter.

AGÉNOR.

Elle devroit moins vous ſurprendre :
Du ſecret de mon cœur vous cherchés à douter.

CALLIRHOÉ.

Ouvrés les yeux, que ce jour vous éclaire
Sur votre devoir & le mien.

AGÉNOR.

Hélas ! je ne vois que le bien
Que m'arrache des dieux la funeſte colere.

CALLIRHOÉ.

Ceſſés de me parler d'un amour téméraire.

AGÉNOR.

L'amour l'eſt-il, lorſqu'il n'eſpere rien ?

Un autre a votre main, un autre vous engage;
Je ne veux qu'un regard, un ſeul regard, hélas!
Et je deſcends tranquille au ténébreux rivage.
Je ne veux qu'un regard, un ſeul regard, hélas!
Mon rival, trop heureux, ne me l'enviera pas.

CALLIRHOÉ.

Que n'ai-je ignoré votre flâme!
Fuyés, éloignés-vous...

AGÉNOR.

Je ne vous verrai plus!

CALLIRHOÉ.

Suivés mes ordres abſolus.
Je dois de Coréſus remplir toute mon âme,
Ne voir, n'entretenir que le ſeul Coréſus.

AGÉNOR.

Vous ne le devés point, vous le voulés, cruëlle!

CALLIRHOÉ.

Ah, qu'Agénor me connoît mal!
Partés... je vois la Reine...

AGÉNOR.

O contrainte mortelle!

CALLIRHOÉ.

Partés. (*Il ſort.*) O devoir trop fatal!

SCÊNE V.

LA REINE, CALLIRHOÉ, CORÉSUS, PRÊTRES, CALIDONIENS & CALIDONIENNES, *qui entrent ſur une marche.*

CORÉSUS.

REine, votre auguſte ſuffrage
Me rapelle au rang gloríeux
Que tenoient ici mes aïeux :
Prononcés mon bonheur, achevés votre ouvrage.

LA REINE.

J'attends de votre himen le bonheur de ces lieux.

CORÉSUS, à CALLIRHOÉ.

Des autels à vos beaux yeux
Je porterai mon hommage,
Sans craindre que ce partage
Offenſe jamais nos dieux :
J'adore en vous leur image.

CALLIRHOÉ.

Je ſais ce que je doi
A la Reine, à l'empire, à Coréſus, à moi.

CORÉSUS.

Chantés, peuples, chantés une fête si belle;
A mon amour égalés votre zele:
Que vos concerts s'élevent jusqu'aux cieux;
Du bonheur d'un mortel qu'ils instruisent les dieux.

LE *CHŒUR.*

Régnés à-jamais sur nos âmes,
Autant que vous régnés dans ce brillant séjour:
L'Himen vient vous offrir les chaînes de l'Amour
Et des plaisirs aussi purs que vos flâmes.

(*On danse.*)

UNE *CALIDONIENNE.*

Trïomphe, Amour, rends nos fêtes plus belles;
Suspends notre bonheur, pour le rendre plus doux;
Que tes traits volent sur nous
Par mille routes nouvelles:
Éprouve les amants, choisis les plus fideles;
Mesure tes faveurs
A la tendresse de nos cœurs.

(*La fête continue.*)

LA *REINE*, *à* CALLIRHOÉ.

Ma fille, vous allés couronner mes projèts;
Votre himen de mon trône affermit la puissance:
Venés remplir mon esperance,
Les vœux de Corésus & ceux de mes sujèts.

CALLIRHOE,

CALLIRHOÉ, *à part.*

Impitoyables dieux, vous serés satisfaits.

CORÉSUS.

Dieux immortels, c'est moi qui vous appele:
Respectable Junon, favorable Cibelle,
Tendre déésse des amants,
Venés-tous assûrer nos augustes serments.

CALLIRHOÉ, *à part.*

O mort! délivre-moi de ma peine cruëlle.

CORÉSUS.

Toi, qui pour éclairer le plus beau de mes jours,
Pares les cieux d'une clarté nouvelle,
Soleil, à mes tendres amours
Tu me verras aussi fidele
Que tu l'ès à remplir ton cours.

(*Il prend la main de* CALLIRHOÉ, *& la mene à l'autel.*)

CORÉSUS ET CALLIRHOÉ.

Sur cet autel, redoutable au parjure,
Sur ces feux révérés, par qui l'amour s'épure,
CORÉSUS. { Je vous promèts
D'être à vous à-jamais.

CALLIRHOÉ.

Je vous promèts...Grands dieux, soûtenés ma foiblesse.
Je me meurs.

LA REINE.

Je frémis...

CORÉSUS.

Je perdrois ma princesse !

LA REINE.

Le ciel veut differer de répondre à vos vœux.

CORÉSUS.

Prenons soin de ses jours... Quel coup pour ma tendresse !
Destin jaloux ! sans toi, j'eûsse été trop heureux.

(*On emporte la princesse évanouie, & l'assemblée se disperse.*)

FIN DU PREMIER ACTE.

ACTE SECOND.

(Le théâtre représente la partie anterieure d'un temple, dont les portes sont fermées.)

SCÈNE PREMIÈRE.

AGÉNOR, seul.

LA princesse respire, & je frémis encore !
Grands dieux, qui nous rendés la beauté que j'adore,
Ne l'auriés-vous ravie au coup fatal
Que pour le bonheur d'un rival ?

O toi, dont je chéris la flâme,
Toi, qui me promettois des jours pleins de douceur,
Dieu charmant, qui lis dans mon âme;
Détourne loin de moi le plus affreux malheur :

Entends mes vœux, reçois mon tendre hommage;
Fais trïompher la plus ſincere ardeur.
Tu formas le nœud qui m'engage;
Tu formas la beauté qui règne dans mon cœur:
Amour, veille ſur ton ouvrage!

La princeſſe paroît... elle vient en ces lieux
De ſes jours conſervés rendre grâces aux dieux.

SCÊNE II.

CALLIRHOÉ, AGÉNOR.

CALLIRHOÉ, *avec embarras.*

NE vous avois-je pas interdit ma présence ?

AGÉNOR.

Eh, puis-je m'éloigner encor de vos attraits ?

CALLIRHOÉ.

On sait votre retour ; ne me voyés jamais :
Mes volontés sur vous ont bien peu de puissance !

AGÉNOR.

J'ai souffert les plus rudes coups,
Que puisse éprouver un cœur tendre.
Quand le ciel me permet d'attendre
Un sort plus calme & plus doux,
Cruëlle, démentés-vous
L'esperance qu'il veut me rendre ?

CALLIRHOÉ.

Épargnés-vous des regrèts superflus :
J'ai résolu de réparer ma gloire ;
J'épouse Corésus.

AGÉNOR.

O ciel ! le puis-je croire ?
Eſt-ce un plaiſir pour vous que de voir mon tourment ?
Vous ne répondés rien !... mépriſés-vous mes larmes ?
Pourrés-vous immoler, ſans pitié, ſans allarmes,
Au bonheur d'un rival le plus fidele amant ?

CALLIRHOÉ.

O trouble affreux ! o jour, d'une honte éternelle !
Ces peuples aſſemblés, ces prêtres, ces apprêts,
Le rang de Coréſus, ſa vertu, mes regrèts,
Quel ſoûvenir ! faut-il que mon cœur le rappele ?
Fuyés.

AGÉNOR.

Moi, fuir !..c'eſt vous qui l'ordonnés, cruëlle !
C'eſt par vous que nos cœurs vont être ſéparés !..
Quoi ? le jour qui vous luit, l'air que vous reſpirés,
Bonheur que tout ſujet partage avec ſa reine,
Vous me le refuſés, à moi ſeul, inhumaine !

CALLIRHOÉ.

Je le dois : mes ſerments...

AGÉNOR.

Eh ! les avés-vous faits ?
Non, vous êtes encor plus libre que jamais.

CALLIRHOÉ.

J'offenſe de nos dieux la majeſté terrible.

AGÉNOR.

Un dieu, plus doux & plus ſenſible,
Peut, ſi vous l'écoutés, vous excuſer près d'eux.

CALLIRHOÉ.

Moi, l'écouter ! Non, non, renoncés à vos vœux ;
Il faut que mon ſort s'accompliſſe,
Coréſus ſera mon époux :
C'eſt moi qu'il faut que je puniſſe
D'avoir trop fait pour vous.

AGÉNOR.

Pour moi ! j'aurois troublé le repos de votre âme !

CALLIRHOÉ.

Vous ſavés mon ſecret...

AGÉNOR.

Quoi ! plaignés-vous ma flâme ?

CALLIRHOÉ.

Votre deſtin n'en ſera pas plus doux.

ENSEMBLE.

Dieux cruëls, quel plaiſir prenés-vous à nos larmes ?
O malheureux amour ! o funeſtes rigueurs !

CALLIRHOÉ.

Faut-il éteindre nos ardeurs ?

ENSEMBLE.

Dieux cruëls, trouvés-vous des charmes
A frapper les plus tendres cœurs.

CALLIRHOÉ.

Que vous m'allés coûter de ſoûpirs & de pleurs !

AGÉNOR.

Ah ! puis-je aſſés goûter de ſi tendres allarmes ?

(*Il ſe jette à ſes piés.*)

SCÊNE

SCÊNE III.

CORÉSUS, *les* PRÊTRES *de sa suite*; CALLIRHOÉ, AGÉNOR.

CORÉSUS, du fond du théâtre.

QUe vois-je? je frémis!
Agénor à ses piés!.. Dieux, est-ce là le prix
Des vœux que nous allions vous présenter pour elle?
(*à* CALLIRHOÉ.)
Vous me trahissés, infidele!

CALLIRHOÉ, en s'en allant.

Pour mériter ce nom, que vous ai-je promis!

SCÊNE IV.

CORÉSUS, *les* PRÊTRES *de sa suite*; AGÉNOR.

CORÉSUS, à AGÉNOR.

TU t'applaudis de ta victoire,
Et de l'affront que je reçoi:
Crains d'être trop aimé!

AGÉNOR.

Non, j'en ferois ma gloire;
Et vos jaloux transports me causent peu d'effroi.

SCÈNE V.

CORÉSUS, *les* PRÊTRES *de sa suite.*

CORÉSUS, aux PRÊTRES.

NE frémissés-vous pas de tant de perfidie ?
L'ingrate insulte encor à ma flâme trahie !
Souffrirons-nous ces outrages mortels ?

CHŒUR des Sacrificateurs de BACCHUS.

Ne souffrons point ces outrages mortels.

CORÉSUS.

Redoutable enfant du tonnerre,
Tes vengeances, Bacchus, ont effrayé la terre ;
Venge-toi, venge-moi, viens venger tes autels.

LE *CHŒUR.*

Redoutable enfant du tonnerre,
Tes vengeances, Bacchus, ont effrayé la terre ;
Venge-nous, venge-toi, viens venger tes autels.

CORÉSUS.

Signale ton pouvoir suprême.
Malgré les dieux, Orphée a senti tes fureurs :

Répands ſur ces climats de nouvelles horreurs,
Qui me faſſent trembler moi-même.

LE CHŒUR.

Répands ſur ces climats de nouvelles horreurs,
Qui nous faſſent trembler nous-même.

(*On danſe.*)

CORÉSUS, & le CHŒUR.

Méritons que le dieu ſeconde nos efforts:
Pour hommage il reçoit nos fureurs, nos tranſports.

CORÉSUS.

Le dieu me voit, m'entend; il va réduire en poudre
Les auteurs, les témoins de mon deſtin fatal:
Le thirſe, rival de la foudre,
Du haut des cieux m'en donne le ſignal.
Il faut un peuple entier pour victime à ma rage.

Venés, venés, ſuivés mes pas:
De ces flambeaux ſacrés faites un autre uſage;
Troublés tous les eſprits, déſolés ces climats,
Et goûtés le plaiſir de venger mon outrage.

(*Les* PRÊTRES *forment des danſes furieuſes avec leurs flambeaux, & vont porter le feu dans toute la ville.*)

CORÉSUS.

Le fer, le feu, le ravage
Vont tout remplir d'effroi.
Je trïomphe à mon tour, je vois groſſir l'orage;
Je vois mes ennemis plus malheureux que moi!

FIN DU SECOND ACTE.

ACTE TROISIÈME.

(Le théâtre représente une forêt, dans laquelle se voit un temple rustique du dieu P*AN*.)

SCÈNE PREMIÈRE.

LA REINE, CALLIRHOÉ.

LA REINE.

BARBARE Corésus, que tu nous fais souffrir!
Lès dieux ont trop servi ton couroux implacable.
Ah! ma fille, faut-il qu'un peuple déplorable,
Ne reproche qu'à toi que tu le fais périr?

CALLIRHOÉ.

Tout m'accâble & me désespere.

LA REINE.

Une noire fureur transporte les esprits:
Le fils, infortuné, s'arme contre le pere;

Le pere, furïeux, perce le ſein du fils ;
L'enfant eſt immolé dans les bras de ſa mere:
Que de gémiſſements, de plaintes & de cris !

CALLIRHOÉ.

Suſpends, o juſte ciel, nos mortelles allarmes !
Ce peuple eſt innocent ; daigne tarir ſes larmes !

LA REINE.

Un dieu ſur eux appeſantit ſon bras :
Il les punit pour toi, tu cauſes leur trépas.

CALLIRHOÉ.

J'immolois aux autels le bonheur de ma vie,
Je vous obéiſſois ; mais mon cœur m'a trahie.

LA REINE.

Le dieu qu'adorent les forêts,
Pan, du ſombre avenir découvre les ſecrèts :
Je vais le conſulter : notre eſpoir peut renaître.
Par mon ordre en ces lieux Coréſus doit paroître ;
Priés, preſſés, pleurés, tombés à ſes genoux,
Dites tout ce qui peut déſarmer ſon couroux.

(*La Reine ſort.*)

SCÈNE II.

CORÉSUS, CALLIRHOÉ.

CALLIRHOÉ.

QUe notre ſort vous attendriſſe,
Seigneur ! ayés pitié d'un peuple malheureux,
Dont je partage le ſuplice.
Sur nous en ces funeſtes lieux
Vous avés attiré la colere des cieux ;
Quoi ! ſe peut-il que rien ne les fléchiſſe ?
Déſarmés-les, ſeigneur ; montrés-vous généreux.

CORÉSUS.

N'attendés pas plus de grâce des dieux
Que vous me faites de juſtice.

CALLIRHOÉ.

Le ciel obéit-il aux fureurs des mortels ?
Non, non ; il va ſe rendre au tourment que j'endure.

CORÉSUS.

Perfide ! ôſerés-vous embraſſer des autels
noins de vos ſerments & de votre parjure ?

CALLIRHOÉ.

J'ai mérité votre couroux :
Puiſſé-je ſeule en être la victime !
Mais tout un peuple expire ; apprenés-moi ſon crime.

CORÉSUS.

Tout devient à mes yeux criminel avec vous.
Tout ce peuple aux autels a vu ternir ma gloire;
Il en faut dans ſon ſang éteindre la mémoire.

CALLIRHOÉ.

Ah ! barbare, tes vœux ſont-ils donc ſatisfaits !
Tes yeux, altérés des carnage,
En ont-ils aſſés vu ? que veux-tu davantage !
Quoi ! tu n'épargneras ni reine, ni ſujèts ?

CORÉSUS.

Vous ne vous nommés point, ingrate !
Juſques en m'implorant votre mépris éclate.
Vengeons-nous ; qui peut m'arrêter ?
De l'enfer étonné rempliſſons les abîmes !
Chaque jour, chaque inſtant y va précipiter
De nouvelles victimes.

CALLIRHOÉ.

Et moi je les devance au ténebreux ſéjour;
Ta fureur m'y condamne...

CORÉSUS.

Arrêtés, inhumaine !

CALLIRHOÉ.

CALLIRHOÉ.

Cruël, tu veux ma mort.

CORÉSUS.

Arrêtés, inhumaine!
Il vous en coûte moins à renoncer au jour,
Qu'à flatter mon ardeur d'une esperance vaine.
(*à lui.*)
Hélas! je croyois la haïr:
Infortuné! ne saurois-je jouïr
De mon amour, ni de ma haîne?

CALLIRHOÉ.

Ne vois que l'excès de ma peine;
Que mes larmes touchent ton cœur.
L'Amour n'y laîsse-t-il régner que la fureur?

CORÉSUS.

J'ai pris dans vos regards mon crime avec ma flâme;
Vous seule avés banni la vertu de mon âme.

CALLIRHOÉ.

Quels reproches!... cruël, rien ne peut t'attendrir;
Je perds mes pleurs, ma gloire: ah! laîsse-moi mourir.

CORÉSUS.

Vous, mourir! non, vivés. Eh bien, je suis coupable.
Je tremble, je frémis, votre douleur m'accâble;

Mon déſeſpoir vous venge aſſés :
Cachés-moi, par pitié, les pleurs que vous verſés;
Qu'à ces pleurs les dieux s'attendriſſent.
Conſultés votre oracle, appaiſés vos douleurs :
Je vais fléchir les dieux, qu'ont armé mes fureurs;
Ils penſent me venger, & c'eſt moi qu'ils puniſſent.

SCÈNE III.

LA REINE, CALLIRHOÉ.

LA REINE.

Pour consulter le dieu, voici l'instant heureux :
Sa cour forme à sa gloire une fête nouvelle,
Et ces divinités souffrent qu'une mortelle
Fasse entendre sa voix au milieu de leurs jeux.

SCÈNE IV.

LA REINE, CALLIRHOÉ, LE MINISTRE *de* PAN, DRYADES & FAUNES.

(Des FAUNES & des DRYADES paroîssent & viennent célébrer, par leurs danses & leurs chants, la fête du dieu PAN.)

LE MINISTRE.

Que les mortels & les dieux applaudissent
Au souverain des forèts :
Que les vastes rochers, que les antres secrèts
De son nom retentissent.

LE CHŒUR.

Que les mortels & les dieux applaudissent
Au souverain des forèts :
Que les vastes rochers, que les antres secrèts
De son nom retentissent.

LES DRYADES.

Flore lui doit tous ses attraits;
D'un printems éternel nos campagnes jouïssent.

TOUS.

Que les vaſtes rochers, que les antres ſecrèts
De ſon nom retentiſſent.

LES *DRYADES.*

Nos beaux jours y fleuriſſent,
Dans les douceurs d'une éternelle paix.

TOUS.

Que les vaſtes rochers, que les antres ſecrèts, *&c.*

LES *DRYADES.*

Que les bergers lui rendent leur hommage:
Il protege les hameaux:
C'eſt à lui ſeul que l'Amour doit l'uſage
Des tendres chalumeaux.

TOUS.

Que les mortels & les dieux applaudiſſent
Au ſouverain des forèts:
Que les vaſtes rochers, que les antres ſecrèts
De ſon nom retentiſſent.

(*On danſe.*)

UNE *DRYADE.*

Fille de l'air, Écho fidele,
Répondés-nous; chantés le dieu des bois:

Il a brûlé pour vous d'une flâme si belle :
Redoublés nos accents, joignés-vous à nos voix.

Fille de l'air, Écho fidele,
Répondés-nous ; chantés le dieu des bois.

(On danse.)

LA *REINE, au* MINISTRE.

Daignés interroger le dieu sur nos malheurs ;
Qu'il se rende à vos vœux, qu'il se rende à mes pleurs,

LE *MINISTRE d'abord seul, & ensuite avec* LE *CHŒUR.*

Dieu puissant, sois nous favorable !
Tu perces le sombre avenir :
Dieu puissant, sois-nous favorable !
Tu vois par quel secours leurs maux peuvent finir.

LES *CHŒURS.*

Par ta puissance,
Rends l'esperance :
De ses malheurs
Efface les horreurs.

Dieu redoutable,
Sois favorable ;
Romps tous les coups
Du céleste couroux.

De ce rivage
Bannis l'orage ;
Daigne à-jamais
Exaucer nos ſouhaits.

LE MINISTRE.

Le dieu fait ſentir ſa préſence ;
Il enchaîne les vents, il fait taire les eaux :
Ces arbres n'ôſent plus agiter leurs rameaux ;
A toute la nature il impôſe ſilence :
Mortels, reſpectés
Sa puiſſance ;
Écoutés, mortels, écoutés.

L'ORACLE.

Le calme à ces climats ne peut être rendu
Qu'au prix que les deſtins veulent de votre zele :
Que de Callirhoé le ſang ſoit répandu,
Ou celui d'un amant, qui s'offrira pour elle.

LA REINE.

Ton ſang, ma fille ! o ciel, o réponſe cruëlle !

CALLIRHOÉ.

Il ne veut que mon ſang ! ah, je rends grâce au ſort ;
Vos ſujèts ſont ſauvés ; je chéris ſa vengeance.

LA REINE.

Quoi, ma fille, mes yeux, mes yeux verroient ta mort !

(AUX MINISTRES.)

Vous, flattés Calidon d'une heureuse esperance :
Gardés sur la victime un éternel silence.
Je veux encore interroger les dieux ;
Peut-on verser trop tard un sang si précïeux ?
Gardés sur la victime un éternel silence.

FIN DU TROISIÈME ACTE.

ACTE

ACTE QUATRIÈME.

(*Le théâtre représente un bocage riant, borné par des côteaux fleuris.*)

SCÈNE PREMIÈRE.

CALLIRHOÉ, *seule*.

COÛLÉS, mes pleurs, hâtés-vous de coûler;
N'offensés pas long-tems ma gloire.

Beaux jours, tant esperés, sortés de ma mémoire;
Sans trouble, sans regrèts, il faut vous immoler.

Coûlés, mes pleurs, hâtés-vous de coûler;
N'offensés pas long-tems ma gloire.

Ciel! je vois Agénor: je commence à trembler.
Il ignore le coup qui me doit accâbler.

SCÈNE II.

AGÉNOR, CALLIRHOÉ.

AGÉNOR.

ENfin le ciel ſuſpend ſes plus terribles coups:
Ne nous flatte-t-on point d'une eſperance vaine?

CALLIRHOÉ.

Non; contre Calidon les dieux n'ont plus de haîne.

AGÉNOR.

Vos pleurs & vos vertus ont vaincu leur couroux.

CALLIRHOÉ.

Que les dieux ſont cruëls, même lorſqu'ils font grâce!
Jamais leur couroux ne ſe lâſſe,
Il ne fait que changer d'objèts.

AGÉNOR.

Eh! qu'importe à quel prix ils vous ſauvent l'empire?
Venés à Calidon raſſûrer vos ſujèts;
Venés; en vous voyant que ce peuple reſpire,
Qu'il liſe ſon bonheur dans vos yeux ſatisfaits.

CALLIRHOÉ.

J'irai, j'irai ſubir le ſort qu'on m'y prépare.

AGÉNOR.

Quoi ! vous épouseriés cet ennemi barbare ?
Corésus !

CALLIRHOÉ.

Sur mon cœur il a perdu ses droits.

AGÉNOR.

Je puis donc esperer pour la première fois !

CALLIRHOÉ.

Plût aux dieux !

AGÉNOR.

Hé quoi, ma princesse !
Vous ne partagés point le transport qui me prèsse ?

CALLIRHOÉ.

Ah, vous ne vous plaindrés que d'être trop aimé !

AGÉNOR.

Eh ! qu'ai-je à craindre encor ?

CALLIRHOÉ.

Tout le ciel est armé.
Si vous saviés quel sang ôse exiger sa haîne !

AGÉNOR.

Quel trouble me saisit ?.. Vous pleurés !

CALLIRHOÉ.

Quelle peine !

AGÉNOR.

Je tremble ; expliqués-vous.

CALLIRHOÉ.

Ne me demandés rien.

AGÉNOR.

Quel ſang doit donc coûler ?.. ah, parlés !

CALLIRHOÉ.

C'eſt le mien.

AGÉNOR.

Impitoyables dieux, vous demandés ſa vie !
Je ne les connois plus ces dieux :
Je ne vois qu'un rival, mépriſé, furïeux ;
C'eſt à lui qu'on vous ſacrifie.

CALLIRHOÉ.

Non : j'ai vu ſes douleurs ; il pleure mon trépas,
Et je dois mourir par ſon bras :
C'eſt le punir aſſés, s'il m'aime.

AGÉNOR.

Et moi je vous adore, & vous ne mourrés pas.

CALLIRHOÉ.

Prouvés-moi votre amour en me cédant vous-même.
L'autel eſt prêt ; j'y veux aller.

AGÉNOR.

J'y cours : de Coréſus que le crime s'expie :
On me payera cher de m'avoir fait trembler !
Le bucher brûle, & moi j'éteins ſa flâme impie
Dans le ſang du cruël qui veut vous immoler :
Mes amis ſont tout prêts, ils ſuivront mon exemple :
J'attaquerai vos dieux, je brîſerai leur temple,
Dût ſa ruïne m'accâbler.

SCÈNE III.

CALLIRHOÉ, *ſeule.*

AH, cruël, arrêtés !.. que veut-il entreprendre ?
De ſa fureur que puis-je attendre ?
Il ne manquoit à mon tourment,
Que de craindre pour mon amant !

(*On entend une ſimphonie champêtre, & l'on voit paroître des bergers.*)

Mais quels concerts ſe font entendre ?
J'apperçois les bergers de ces valons chéris ;
Ils béniſſent le ciel, qui calme leur triſteſſe :
Hélas ! ſavent-ils à quel prix ?

Cachons le déſordre où je ſuis ;
Ne troublons point leurs jeux : mais dans leur allegreſſe
De mon trépas goûtons les premiers fruits.

SCÈNE IV.

CALLIRHOÉ, BERGERS & BERGERES, *qui forment des danses naïves & agréables.*

UNE *BERGERE*, *alternativement avec* LE *CHŒUR.*

LOin de nous les plaintes,
Les craintes;
Loin de nos cœurs
Les soûpirs & les pleurs.

Loin de nous les plaintes,
Les craintes;
Loin de nos cœurs
Les atteintes
Des vives douleurs.

Jours heureux,
Soyés durables!
Des dieux favorables
Reçoivent nos vœux.

Loin de nous les plainres, *&c.*

(*Les bergers continuent leurs danses.*)

LA BERGERE & le CHŒUR.

Princeſſe, aimés nos bocages;
Prêtés l'oreille à nos chants :
La cour préſente aux rois les plus brillants hommages,
Nous vous offrons les plus touchants.

LA BERGERE.

Le ciel nous fait de douces promeſſes,
Nous vous devons toutes ſes faveurs;
Nous n'avons à donner que nos cœurs,
Comptés nos cœurs parmi vos richeſſes.

(*On danſe.*)

LA BERGERE.

Dans nos champs
L'amour de Flore
Fait éclore
Ses nouveaux préſents :

Lieu tranquille,
Charmant ſéjour,
Sers d'aſile
De temple à l'Amour :

Qu'il nous bleſſe;
Que, ſans-cèſſe,

L'on s'emprèsse
D'entrer à ta cour,
Dieu des amants.

Ta puissance
Récompense
Nos tourments.

(On danse.)

LA BERGERE, à CALLIRHOÉ.

Goûtés & donnés
Des jours fortunés.

LE CHŒUR.

Goûtés & donnés
Des jours fortunés.

LA BERGERE.

D'une si belle vie
Dieux, ne bornés point les moments:
Ne prenés que le soin de les rendre charmants;
Dieux, secondés notre envie.

LE CHŒUR.

Goutés & donnés
Des jours fortunés.

CALLIRHOÉ.

CALLIRHOÉ.

Eh bien, vous les aurés ces jours, ces jours tranquilles ;
Oui, je vous le promèts :
Venés ; je vais au temple, où les dieux, plus faciles,
Doivent vous assûrer une éternelle paix.

LE CHŒUR.

Nous vous suivons ; nous quittons nos asiles.

SCÊNE V.

LA REINE, CALLIRHOÉ, CHŒURS.

LA REINE.

QUe vois-je ? la victime est-elle entre leurs bras?
Barbares, voulés-vous qu'on vous la sacrifie ?

LE CHŒUR.

Reine, que dites-vous ?

LA REINE.

Elle vole au trépas.

LE CHŒUR.

Eh ! qui peut menacer une si belle vie?

LA REINE.

Les dieux.

CALLIRHOÉ.

Je rends la paix à ma triste patrie;
Mon sort est trop heureux.

LE CHŒUR.

Durent, durent plutôt nos maux les plus affreux!

CALLIRHOÉ.

Je vais mourir; l'Oracle a prononcé ma peine.

LE CHŒUR.

Nous démentons les dieux, & nous bravons le ſort.

CALLIRHOÉ.

Voulés-vous qu'aux autels en rebelle on m'entraîne?
Ah! laiſſés-moi dumoins la gloire de ma mort.

LA REINE, *avec le* CHŒUR.

Tonne plutôt des dieux la redoutable haîne!

CALLIRHOÉ, *à la* REINE.

Souffrés qu'à vos ſujèts un doux calme revienne:
N'êtes-vous pas leur mere, avant d'être la mienne?
Par l'amour que pour eux vous devés reſſentir,
A leur bonheur faites-les conſentir.

LA REINE.

Non, je ne verrai point ce ſpectacle funeſte.

CALLIRHOÉ, *aux* PEUPLES.

C'eſt votre Reine, appaiſés ſes douleurs;
Ôſés m'arracher à ſes pleurs...
Vous frémiſſés... votre Reine vous reſte:
Qu'elle vive; aimés-la: ne quittés point ſes pas;
Sauvés-lui, s'il ſe peut, l'horreur de mon trépas.
Je vais mourir pour vous...

LE CHŒUR.

Nous ne vous quittons pas.

SCÈNE VI.

AGÉNOR, CALLIRHOÉ, LA REINE, CHŒURS.

AGÉNOR, aux CHŒURS.

Que votre crainte cèſſe :
Un miniſtre du dieu m'a révelé ſa loi ;
Peuples, écoutés-moi.
Il n'a pas ſans retour condamné la princeſſe :
Un ſang, moins précïeux, peut épargner le ſien ;
Je vous offre le mien.

LA REINE & le CHŒUR.

O trop fidele amour ! o généreux courage !

CALLIRHOÉ, en s'en allant.

Non, vous ne mourrés pas.

AGÉNOR.

Venés, ſans tarder davantage,
Venés, peuples, ſuivés mes pas.

LA REINE & LE CHŒUR.

O trop fidele amour ! o génereux courage !

FIN DU QUATRIÈME ACTE.

ACTE CINQUIÈME.

(Le théâtre représente le temple de BACCHUS.
On voit, au milieu, l'autel où doit se faire le sacrifice.)

SCÈNE PREMIÈRE.

CORÉSUS, *seul.*

TROUBLES secrèts, dont l'horreur me dévore,
Que ne me laissés-vous respirer un moment ?

Je suis près d'immoler le rival que j'abhorre ;
Son sort, loin de calmer l'excès de mon tourment,
Ne fait que l'irriter encore.

Troubles secrèts, dont l'horreur me dévore,
Que ne me laissés-vous respirer un moment ?

Quoi, c'eſt à mon rival qu'elle devra la vie !
Il ſauve la princeſſe : ah ! ſon ſo t eſt trop beau.
Mon rival, en vainqueur, deſcend dans le tombeau:
Quels regrèts ! j'entendrai cette amante en furie.
Dieux! qu'elle va l'aimer, qu'elle va me haïr !..
Elle vient : je ne puis ni la voir, ni la fuir.

SCÈNE II.

CORÉSUS, CALLIRHOÉ.

CALLIRHOÉ.

SEigneur, de vos devoirs je n'ôſe vous inſtruire:
Mais tout eſt prêt; mon ſang à l'autel doit coûler:
Si votre main tremble de m'immoler,
Juſqu'à mon cœur je ſaurai la conduire :
Allons.

CORÉSUS.

Ciel ! qu'ôſés - vous me dire ?

CALLIRHOÉ.

Trop de malheurs ont troublé ce ſéjour ;
Je les pardonne à votre amour extrême ;
Pardonnés-moi de même :
Sans peine je renonce au jour.

CORÉSUS.

Je vous punirois de mon crime!
Les dieux sont moins cruëls, moins barbares que vous:
Ils appaiseront leur courroux;
Ils prennent une autre victime.

CALLIRHOÉ.

Je le verrois périr! & périr par vos coups!
Êtes-vous Corésus? que devient votre gloire?
Voulés-vous faire croire
Que vous ne l'immolés qu'à vos transports jaloux?

CORÉSUS.

Aux autels de nos dieux est-ce moi qui l'entraîne?
De son trépas que pourrois-je esperer?
Je sais trop que la mort, où je vais le livrer,
Ne sauroit adoucir ma peine.

CALLIRHOÉ.

Que veux-tu donc, cruël! t'assûrer de ma haîne?

CORÉSUS.

Quoi! de tous mes malheurs votre haîne est le prix!
Outragés, accâblés un cœur qui vous adore.
Hélas! vos plaintes & vos cris
Devroient-ils me toucher encore?

Je ne l'immole point ; il demande à périr.

CALLIRHOÉ.

Et moi, je demande ſa vie ;
Mais vous voulés ſa mort.

CORÉSUS.

Peut-être je l'envie ;
Elle aſſûre vos jours.

CALLIRHOÉ.

C'eſt à moi de mourir.

ENSEMBLE.

Non, ne reſiſtés pas, quand le ciel le commande ;
Rendés-vous, c'eſt {ſon / mon} ſang qu'il faut que l'on répande.

CORÉSUS, à CALLIRHOÉ.

Que le tonnerre gronde & tombe en mille éclats,
Que le carnage recommence,
Que le ciel irrité redouble ſa vengeance,
Que l'effroi, que la mort vole dans ces climats ;
Rien n'égale l'horreur de voir votre trépas.

CALLIRHOÉ.

Eh ! le verrés-vous moins ? croyés-vous que je vive ?
S'il périt, doutés-vous que mon ombre le ſuive ?
Tremblés !

Tremblés ! du même fer je me frappe, je meurs ;
Et l'Amour, malgré-vous, réunira nos cœurs.

CORÉSUS.

Quelle fureur, o ciel !.. Que deviens-je moi-même !
N'est-il point d'autre sang pour appaiser les dieux ?

CALLIRHOÉ.

Les dieux ont prononcé. Conservés ce que j'aime...
On l'amene en ces lieux ;
Hâtés-vous, frappés-moi ; je l'attends, je le veux.

SCÈNE DERNIÈRE.

CORÉSUS, CALLIRHOÉ, AGÉNOR, PRÊTRES & PEUPLES, BERGERS & BERGERES.

CALLIRHOÉ.

AH! prince, où venés-vous?

AGÉNOR.

Où mon amour me guide.

(*à* CORÉSUS.)

Miniſtre des autels, faites votre devoir.

CALLIRHOÉ, à CORÉSUS.

N'écoutés point ſon déſeſpoir;
Que je meure: c'eſt moi pour qui le ſort décide.

CORÉSUS.

Quel ſpectacle pour moi! quel amour! quel tranſport!

AGÉNOR, & CALLIRHOÉ.

Mes jours ſont trop payés, ſi ma mort vous délivre.

CALLIRHOÉ, à AGÉNOR.

Hélas! pourrois-je vous ſurvivre?
Qu'eſperés-vous de votre mort?

ENSEMBLE, *à* CORÉSUS.

Ton amour outragé demande mon ſuplice :
C'eſt moi qu'il faut que l'on puniſſe.

CORÉSUS.

Ciel ! en les immolant je ne puis les punir !

CALLIRHOÉ & AGÉNOR.

Frappe, voilà mon cœur ; qui peut te retenir ?

CORÉSUS.

Agénor, j'applaudis à l'ardeur qui t'anime ;
J'honore ta vertu ; tes vœux ſeront contents.
(*Il prend le fer ſacré.*)

CALLIRHOÉ, *à* CORÉSUS.

Je frémis !.. Acheve, il eſt tems.

CORÉSUS, *en les ſéparant.*

Arrêtés. C'eſt à moi de choiſir la victime.
(*Il ſe frapp*

CALLIRHOÉ.

Vous mourés !

CORÉSUS.

Je ſauve vos jours ;
De vos malheurs, des miens je termine le cours.

Vous pleurés... Se peut-il que ce cœur s'attendrisse !
Je meurs content : mes feux ne vous troubleront
plus.
Approchés : en mourant que ma main vous unisse.
Souvenés-vous de Corésus.

FIN.

APPROBATION.

J'Ai lu, par ordre de Monseigneur le Chancelier, *CALLIRHOÉ*, Tragédie : je crois qu'on peut en permettre l'impression.

A Paris ce 16 Octobre 1773.

MARIN.

www.ingramcontent.com/pod-product-compliance
Ingram Content Group UK Ltd.
Pitfield, Milton Keynes, MK11 3LW, UK
UKHW021650260726
13994UKWH00003B/1378

9 782329 318516